UNIC
Universidade
de Cuiabá

MARCELO LEITE FERRAZ

O PODER INFORMATIVO

INFORMAÇÃO EM DEFESA DA DEMOCRACIA E MÍDIA DA CIDADANIA

MARCELO LEITE FERRAZ

O PODER INFORMATIVO

INFORMAÇÃO EM DEFESA DA DEMOCRACIA E MÍDIA DA CIDADANIA

Trabalho de Conclusão de Curso apresentado à Universidade de Cuiabá, como requisito parcial para a obtenção do título de graduado em Direito. Orientador: Prof. Sílvio Soares.

CUIABÁ/ 2018

Dedico este trabalho para todos os teóricos que embasaram esta tese com suas visões políticas, sociológicas e filosóficas sobre o Estado republicano; com legitimidade para fortalecer a sociedade civil organizada de qualquer país, tornando-a apta a se defender contra indivíduos poderosos que buscam conter o florescimento da Democracia; a fim de implantar regimes autoritários e antidemocráticos. E, como não poderia deixar de ser, dedico esta Teoria do Poder Informativo para o meu saudoso avô, José Dias Ferraz, que, por ter sido, um dia, uma das vítimas e sobrevivente das garras da ditadura militar, sonhou com a eternização da Democracia.

AGRADECIMENTOS

Quero, neste presente momento, agradecer a minha mãe, Zair Leite Ferraz, por ter me dado a oportunidade de percorrer, com toda liberdade de pensamento e de opinião, um caminho, o qual os ventos do conhecimento me levaram, bem como agradecer a todos os professores e mestres que me orientaram nesta jornada.

FERRAZ, Marcelo Leite. **O Poder Informativo**: Informação em Defesa da Democracia e Mídia da Cidadania. 2018. 91. Trabalho de Conclusão de Curso (Graduação em Direito) – Universidade de Cuiabá, Cuiabá, 2018.

RESUMO

A premente tese nasceu dos estudos feitos a partir da Teoria Geral do Estado, da Teoria Constitucional, bem como da Introdução ao Estudo do Direito, ou seja, na seara do Direito Público. Assim, a tese aqui erigida, trata-se da construção de uma teoria institucional do Quarto Poder, outrossim, de um sistema de quadripartição dos poderes, quais sejam: Poder Executivo, Poder Legislativo, Poder Judiciário e o Poder Informativo; este último sendo o objeto primordial desta tese. Contudo, para trazer essa teoria à tona foi feito um estudo minucioso da História da Imprensa no mundo e, especificamente, no Brasil. E ainda, um estudo comparativo das constituições brasileiras no que diz respeito à liberdade de expressão e à liberdade de imprensa, cidadania e direitos republicanos. Partindo desse pressuposto, a tese chega ao esclarecimento que a comunicação pública feita pelo setor privado, que está sob a égide do sistema de mercado, não se vê completamente obrigada a tutelar a cidadania. Por isso, esse papel da comunicação pública, diante da origem da informação, tem que nascer no âmbito estatal, mas, para que isso ocorra de maneira imparcial, há que se institucionalizar um Poder autônomo e independente –

seja do setor econômico, político ou de outros Poderes instituídos. Para isso, avaliou-se o conflito de informações – gerados por diversas fontes, sejam institucionais ou privadas, quando eivadas de interesses econômicos, ideológicos, políticos e partidários ou de uma fonte institucional apenas – que pode afetar o desenvolvimento democrático de um país. Deste modo, também se cristalizou o entendimento de que, sem a institucionalização do Poder Informativo, a democracia ainda continuará vulnerável e passiva de ser atacada pelos governos autoritários, já que a comunicação pública não estará sendo realizada por esferas de poderes isentas, do ponto de vista da informação imparcial. Por fim, finalizando a parte teórica, analisou-se a última questão dos objetivos específicos, qual seja: a constituição do Poder Informativo para o aperfeiçoamento da democracia dentro do Estado Democrático de Direito. Para isso, veio à tona a fundamentação teórica dos autores que já iniciaram a discussão sobre a necessidade de se estabelecer, através da comunicação pública, o fortalecimento da sociedade civil no que tange a sua participação social diante do Estado liberal, social e republicano.

Palavras-chave: Democracia; Cidadania; Comunicação Pública; Quarto Poder; Estado republicano.

FERRAZ, Marcelo Leite. **The Information Power**: Information in Defense of Democracy and Citizenship Media. 2018. 91. Graduation Work (Graduation in Law)– Universidade de Cuiabá, Cauibá, 2018.

ABSTRACT

The preeminent thesis was born from studies made from the General Theory of State, Constitutional Theory, as well as from the Introduction to the Study of Law, that is, in the area of Public Law. Thus, the thesis here is the construction of an institutional theory of the fourth power, that is, a four-part system of powers, namely: Executive Branch, Legislative Branch, Judiciary Branch and Information Branch; the latter being the primary object of this thesis. However, to bring this theory to the forefront a detailed study of the History of the Press in the world and specifically in Brazil was made. Also, a comparative study of the Brazilian constitutions regarding freedom of expression and freedom of the press, citizenship and republican rights. Based on this assumption, the thesis reaches the clarification that the public communication made by the private sector, which is under the aegis of the market system, is not completely obliged to protect citizenship. Therefore, this role of public communication, given the origin of information, must be born at the state level, but, for this to happen in an impartial manner, it is necessary to institutionalize an autonomous and independent power - whether in the economic, political or other Powers instituted. For this, the conflict of information

- generated by several sources, whether institutional or private, when influenced by economic, ideological, political and partisan interests or an institutional source alone - that could affect the democratic development of a country was evaluated. This has also crystallized the understanding that, without the institutionalization of the Information Power, democracy will still remain vulnerable and passive of being attacked by authoritarian governments, since public communication will not be carried out by spheres of exempt powers, from the point of view of view of unbiased information. Finally, finishing the theoretical part, the last question of the specific objectives was analyzed, namely - the constitution of the Information Power for the perfection of democracy within the Democratic State of Law - for this, the theoretical foundation of the authors have already begun the discussion about the need to establish, through public communication, the strengthening of civil society in what concerns its social participation before the liberal, social and republican state.

Keywords: Democracy; Citizenship; Public Communication; Fourth Power; Republican state.

SUMÁRIO

1. INTRODUÇÃO

A premente tese nasceu dos estudos feitos a partir da Teoria Geral do Estado, da Teoria Constitucional, bem como da Introdução ao Estudo do Direito, ou seja, na seara do Direito Público. Deste modo, quando o Estado de Direito surgiu após a Revolução Francesa e Americana, no século XVIII, o poder ainda estava concentrado nas mãos da monarquia, já que era absoluto e antidemocrático. Após a era Grega, o ressurgimento da democracia propriamente dita começou primeiramente com a construção do Estado de Direito, que só foi aplicado com a separação dos poderes – aquele sistema teórico de autocontrole e tripartite teorizado por Charles de Montesquieu, na obra "O Espírito das Leis" (1748), criada a partir de influências de outros pensadores anteriores a ele, como Aristóteles na obra intitulada "Política" e posteriormente por John

Locke cem anos antes de "O Espírito das Leis", inclusive, instituindo leis para os governantes.

Porém, apenas três poderes constituídos não são suficientes para equilibrar o pacto social na atualidade. Há que se institucionalizar mais um Poder, que será imprescindível para intermediar e organizar as informações que dizem respeito ao Estado e à sociedade. Desta maneira, o Poder Informativo surge então necessariamente em uma fase na qual a democracia torna-se republicana, justamente para fortalecer a participação social da sociedade civil; com o intuito de responsabilizar cada vez mais os servidores públicos e os agentes políticos no que diz respeito às suas atribuições constitucionais para com os cidadãos, no que diz respeito a utilização do patrimônio público para fins público. Portanto, sem a institucionalização do Poder Informativo a democracia ainda continuará vulnerável e passiva de ser atacada pelos governos autoritários, já que a comunicação pública não estará sendo realizada por esferas de poderes isentas, do ponto de vista da informação imparcial, pois cada poder constituído ou a mídia do setor privado defenderá, a seu modo, o interesse próprio na hora de informar os cidadãos.

Muitas das vezes, nas entrelinhas, é possível perceber que a mídia não está representando o anseio social, mas atendendo a uma demanda da audiência, ou seja, a imprensa do setor privado segue a linha da livre concorrência e é fruto de uma relação de mercado, o que é natural, pois estes veículos funcionam em função de se manterem ativos no mercado, já que estão sob a regras do sistema capitalista. Por isso, a necessidade de erigir um sistema de informação institucionalizado, este criado em função de informar a sociedade sobre seus interesses públicos, tema este que será debatido minuciosamente nesta tese.

Mas, para isso, há que se instituir um Poder que terá esse papel constitucional – de realizar a comunicação pública com intuito de tutelar a cidadania no âmbito do Estado Democrático de Direito – a fim de resguardar os princípios da República para defender, bem como aperfeiçoar ainda mais a democracia. No entanto, é preciso destacar que a institucionalização do Poder Informativo não deve suprimir a comunicação do setor privado e nem a comunicação pública de outros poderes. Ademais, em hipótese alguma tem a intenção de violar os preceitos sagrados da Carta Magna, com o de liberdade de expressão, de comunicação e de imprensa, mas servir de parâmetros constitucionais ou de complemento no dia a dia das notícias e reportagens sem com isso ferir os institutos da democracia republicana.

Deste modo, diante do fosso abissal que se abre, pois, cada órgão e cada setor econômico têm sua mídia própria e entra na batalha diária pela produção de informações para se fazer presente na opinião pública, seja do consumidor de notícias institucionais ou de veículos privados, outro questionamento vem à tona: por que o cidadão hoje em dia não tem acesso a uma informação imparcial e isenta de interesses particulares e que seja de cunho estritamente voltado para construção da cidadania?

Então, o objetivo geral, da tese aqui erigida, trata-se da construção de uma teoria institucional do Quarto Poder, ou seja, de um sistema de quadripartição dos poderes, quais sejam: Poder Executivo, Poder Legislativo, Poder Judiciário e o Poder Informativo; este último sendo o objeto primordial desta tese.

Desta forma, para tanto, foi imprescindível compreender o que ocorre na relação entre o cidadão-receptor e as mídias distribuidoras de informações. Partindo desse pressuposto, o primeiro objetivo específico foi analisar essa relação – quando ela não segue os padrões advindos de uma visão constitucional –, no sentido de descobrir por que hoje em dia ainda não existe uma mídia exclusivamente voltada para a construção da cidadania que respeite a imparcialidade técnica na hora de formar a opinião pública e que seja independente para realizar tal finalidade. Já no segundo objetivo, avaliou-se o conflito de informações – gerados por diversas fontes, sejam institucionais ou privadas, quando eivadas de interesses econômicos, ideológicos, políticos e partidários ou de uma fonte institucional apenas – que pode afetar o desenvolvimento democrático de um país. Não obstante, o terceiro objetivo foi buscar uma compreensão do que representa a falta de um Poder Informativo na relação entre outros poderes, com a mídia privada e com a sociedade.

Contudo, para trazer essa teoria à tona foi feito um estudo minucioso da História da Imprensa no mundo e especificamente no Brasil. E ainda, um estudo comparativo das constituições brasileiras no que diz respeito à liberdade de expressão e à liberdade de imprensa, cidadania e direitos republicanos. Além disso, para estruturar a tese, realizou-se uma pesquisa dos autores que defenderam teses sobre a comunicação pública, sociedade civil organizada, cidadania e Estados Republicanos nos últimos cinco anos.

2. HISTÓRICO DE CONCEITOS DO PODER INFORMATIVO E EMBASAMENTO TEÓRICO

Para se iniciar a desenvolver os temas pretendidos nos objetivos específicos desta tese, a princípio, ter-se-á que buscar, na História, os conceitos que construíram a ideia de liberdade de expressão e de imprensa, de cidadania, da comunicação pública, enfim, dos pilares republicanos que instituíram a concepção de democracia para, desta forma, revelar especificamente, com base nos referenciais teóricos, a necessidade da constituição do Poder Informativo para o aperfeiçoamento da democracia dentro do Estado Democrático de Direito.

Desta forma, o esclarecimento acerca de algum assunto de interesse coletivo que emitisse a opinião de quem formulasse um pensamento sobre política ou sobre as regras instituídas para aquele determinado grupo, sem sofrer qualquer tipo de censura, trouxe o significado da expressão que seria mais tarde conhecida como liberdade de expressão. Assim, segundo o artigo XIX da Declaração Universal dos Direitos Humanos:

> Todo ser humano tem direito à liberdade de opinião e expressão; este direito inclui a liberdade de, sem interferência, ter opiniões e de procurar, receber e transmitir informações e ideias por quaisquer meios e independentemente de fronteiras. (UNIVERSAL,1948).

Contudo, essa ideia democrática do cidadão poder se manifestar diante dos assuntos públicos, correlacionados à vida nas cidades, nasceu na Grécia Antiga. Não obstante, a maioria dos ideais políticos modernos, como Justiça, liberdade e o governo constitucional, surgiu lá também. Deste modo, segundo a historiografia oficial do ocidente, foram os gregos os pioneiros a lançar as sementes da ideia democrática, que, conservadas pelos filósofos da idade média, frutificaram na modernidade.

Com efeito, apenas integrantes de um demos (município), dirigido por um demarca, participavam da política. Daí a expressão democracia, que significa governo de demos. Porém, algumas datas e frases podem trazer à tona o que viria a ser o conceito de liberdade de expressão.

Em 339 a.C, Sócrates no seu famoso julgamento proferiu: "Se prometessem perdoar-me desta vez na condição de eu não voltar a dizer o que penso... dir-vos-ia: 'Homens de Atenas, devo obedecer aos deuses e não a vós'".

Já em 1215 é assinada a Magna Carta, por imposição de nobres rebeldes ao rei João. O documento será olhado como a fundação da liberdade na Inglaterra. Da mesma forma, em 1516 – Erasmo de Roterdã escreve "A Educação de um Príncipe Cristão": "Num estado livre, também as línguas devem ser livres".

Destarte, em 1770, Voltaire escreve uma carta a um sacerdote: "Detesto o que o senhor escreve, mas daria a minha vida para tornar possível que continuasse a escrever". E no século XVIII, a Declaração dos Direitos do Homem e do Cidadão, documento fundamental da Revolução Francesa (1789), consagra a liberdade de expressão.

Ademais, em 1791, a Primeira Emenda da Declaração de Direitos dos Estados Unidos da América garante quatro liberdades: de religião, expressão, imprensa e reunião.

Além disso, no fim do século XIX, em 1859, o filósofo John Stuart Mill escreve o Ensaio Sobre a Liberdade: "Se qualquer opinião for obrigada ao silêncio, essa opinião pode, por tudo o que temos a certeza de saber, ser verdadeira. Negá-lo é assumir a nossa própria infalibilidade".

Já em 1929, um juiz da Suprema Corte dos EUA, Oliver Wendell Holmes, pronuncia-se: "O princípio do pensamento livre não significa pensamento livre para os que concordam conosco, mas liberdade para o pensamento que detestamos".

Contudo, só foi na metade do século XX, em 1948, com o fim da segunda Guerra Mundial, que o mundo se permite a institucionalizar essa expressão, quando então, finalmente é aprovada, quase por unanimidade, pela Assembleia Geral das Nações Unidas, a Declaração Universal dos Direitos Humanos, pela qual os países membros ficam obrigados a promover os direitos humanos, cívicos, econômicos e sociais, incluindo as liberdades de expressão e religião.

A partir de então o conceito se cristalizou e nas palavras de Cabral (2010, p. n 2640): "Liberdade de expressão é o direito de qualquer indivíduo manifestar, livremente, opiniões, ideias e pensamentos pessoais sem medo de retaliação ou censura por parte do governo ou de outros membros da sociedade".

Outro conceito que se soma para clarificar as estruturas filosóficas da teoria do Poder Informativo é o da Liberdade de Imprensa, pois a noção de Mídia da Cidadania está intimamente ligada à evolução da democracia. Em Estados totalitários, onde a liberdade de imprensa era tolhida, os cidadãos não tinham sequer o direito de manifestar suas opiniões, quanto mais, o Estado – personificado na figura de um ditador ou uma oligarquia –, ser confrontado com informações que questionassem suas decisões autoritárias. Então, a liberdade de imprensa passa ser uma conquista *sine qua non* para a consolidação da democracia.

Deste modo, o termo imprensa deriva da prensa móvel, processo gráfico aperfeiçoado por Johannes Gutenberg no século XV e que, a partir do século XVIII, foi usado para imprimir jornais, então os únicos veículos jornalísticos existentes. De meados do século XX em diante os jornais passaram a ser também radiodifundidos e teledifundidos (radiojornal e telejornal) e, com o advento da World Wide Web, vieram também os jornais online, ou ciberjornais, ou webjornais. O termo "imprensa", contudo, foi mantido.

Na Roma Antiga e no Império Romano, a Acta Diurna era afixada nos espaços públicos, e trazia fatos diversos, notícias militares, obituários, crônicas esportivas, entre outros assuntos. Ela foi a primeira publicação regular de que se tem notícia, que o imperador Augusto mandava colocar no Fórum Romano no século I de nossa era. Esta publicação, gravada em tábuas de pedra, havia sido fundada em 59 a.C. por ordem de Júlio César, trazendo a listagem de eventos ordenados pelo Ditador.

Em 1440, Johannes Guttenberg desenvolve a tecnologia da prensa móvel, utilizando os tipos móveis: caracteres avulsos gravados em blocos de madeira ou chumbo, que eram arrumados numa tábua para formar palavras e frases do texto. Nesse período, as folhas escritas com notícias comerciais e econômicas eram muito comuns nas ruidosas ruas das cidades burguesas. Em Veneza, as folhas eram vendidas pelo preço de uma gazeta, moeda local, de onde surgiu o nome de muitos jornais publicados na Idade Moderna e na Idade Contemporânea.

Entre 1452 e 1470, a imprensa conquistou nove cidades germânicas e várias localidades italianas, bem como Paris e Sevilha. Dez anos depois, registrava-se a existência de oficinas de impressão em 108 cidades; em 1500, o seu número era de 226. Esta arte propagou-se com uma rapidez impressionante pelo vale do Rio Reno e por toda a Europa.

A Europa tipográfica começava a deslocar-se da Itália para os países do Norte da Europa, onde funcionava como elemento difusor do humanismo e da Reforma oriunda das cidades italianas. Durante o século XVI os centros mais produtivos eram as cidades universitárias e as cidades comerciais. Veneza continuou a ser a capital da imprensa, seguida de perto por Paris, Leon, Frankfurt e Antuérpia.

Já no Brasil somente em 1808 é que surgem, quase simultaneamente, os dois primeiros jornais brasileiros: o Correio Braziliense, editado e impresso em Londres pelo exilado Hipólito da Costa; e a Gazeta do Rio de Janeiro, publicação oficial editada pela Imprensa Régia instalada no Rio de Janeiro com a transferência da Corte portuguesa. A demora a conhecer a imprensa livre ocorreu por causa da censura e da proibição de tipografias na colônia, impostas pela Coroa Portuguesa.

Ainda durante a era imperial, a Constituição de 1824 previa a liberdade de expressão, sem dependência de censura. Mas não era para valer. Sua sorte era análoga à do princípio da igualdade perante a lei, igualmente proclamado no texto constitucional, e que conviveu com os privilégios da nobreza, o voto censitário e o regime escravocrata. Com a mesma falta de efetividade, dispunha a Carta de 1891 acerca do tema, acrescentando a vedação do anonimato. Foi contemporânea impotente da coação aos órgãos de imprensa e do empastelamento de jornais. A Constituição de 1934 introduziu expressamente a possibilidade de censura prévia aos espetáculos e diversões públicas.

Logo à frente, dando início à intolerância com as ideias opostas, foi editada a primeira Lei de Segurança Nacional, em 1935. Com o colapso das instituições democráticas e o advento do Estado Novo e da Carta de 1937, implantou-se um rigoroso sistema de censura prévia à liberdade de expressão, abrangendo a imprensa, espetáculos e diversões públicas. Um decreto de 1939 previa, inclusive, a possibilidade de proibição da circulação de periódicos.

Já a Constituição de 1946 retomou a inspiração do Texto de 1934, em reprodução quase literal, com o acréscimo da vedação ao preconceito de raça ou de classe. Contudo, sob os efeitos da guerra fria, prestou-se à interpretação que proscrevia o partido comunista, permitindo a condenação de ideias à ilegalidade. Após o movimento militar de 1964, foi editada a Constituição de 1967, logo substituída pela Emenda n° 1, de 1969, outorgada pelos Ministros do Exército, da Marinha de Guerra e da Aeronáutica Militar. A Carta de 1969, procurando manter a fachada liberal e com penosa insinceridade, enunciava ser livre a manifestação do pensamento, mas afirmava que não seria tolerada a subversão da ordem ou as publicações contrárias à moral e aos bons costumes.

A referência final à moral e aos bons costumes não constava do Texto de 1967. A longa noite ditatorial, servindo-se de leis e decretos-lei específicos, assim como do voluntarismo discricionário de seus agentes, trouxe o estigma da censura generalizada aos meios de comunicação. Suprimiam-se matérias dos jornais diários, sujeitando-os a estamparem poesias, receitas culinárias ou espaços em branco. Diversos periódicos foram apreendidos após sua distribuição, tanto por razões políticas como em nome da moral e dos bons costumes. Na semana da morte do jornalista Vladimir Herzog, a manchete do Pasquim era: "Tudo em ordem!". Mas as letras estavam tortas e tombadas. O país era vivido nas sutilezas e nas entrelinhas.

No cinema, filmes eram simplesmente proibidos ou projetados com tarjas que transformavam drama em caricatura. Nas artes, o Ballet Bolshoi foi impedido de dançar no Brasil, por constituir propaganda comunista. Na música, havia artistas malditos e outros que só conseguiam aprovar suas letras mediante pseudônimo. Na televisão, programas foram retirados do ar, suspensos ou simplesmente tiveram sua exibição vetada. Em momento de paroxismo, proibiu-se a divulgação de um surto de meningite, para não comprometer a imagem do governo.

Contudo, após o fim ditatorial com a redemocratização do país e a proclamação da Constituição Federal de 1988, a mídia encontra terreno fértil para seu funcionamento, tendo a própria Carta Magna tratado de expressar entre suas garantias, o direito a manifestação do pensamento – vedado o anonimato – e a liberdade de expressão independente de censura, nos seguintes termos:

> Art. 5º - Todos são iguais perante a lei, sem distinção de qualquer natureza, garantindo-se aos brasileiros e aos estrangeiros residentes no País a inviolabilidade do direito à vida, à liberdade, à igualdade, à segurança e à propriedade, nos termos seguintes: IV - é livre a manifestação do pensamento, sendo vedado o anonimato; IX - é livre a expressão da atividade intelectual, artística, científica e de comunicação, independentemente de censura ou licença. (BRASIL, 1988).

Após estas considerações históricas acerca da liberdade de expressão e, concomitantemente, de imprensa, necessário será descrever um pouco dos conceitos de cidadania e comunicação pública. Institutos democráticos imprescindíveis para se adentrar no substrato da teoria do Poder Informativo. Assim, a democracia é uma teia construída dia pós dia, governo pós governo, que se aperfeiçoa pela participação popular que, diferentemente do que pensam os totalitaristas:

> Não quebra o monopólio estatal da produção do Direito, mas obriga o Estado a elaborar o direito de forma emparceirada com os particulares (individual ou coletivamente). E é justamente esse modo emparceirado de trabalhar o fenômeno jurídico, no plano de sua criação, que se pode entender a locução 'Estado Democrático' (figurante no preâmbulo da Carta de Outubro) como sinônimo perfeito de 'Estado Participativo'. (BRITTO, 1992, p. 95).

Nesta seara, vislumbrando um pouco da história da participação social no que tange o exercício dos direitos dos cidadãos, conforme as explicações dos estudiosos do tema, o conceito de cidadania tem origem na Grécia Antiga, sendo usado então para designar os direitos relativos ao cidadão, ou seja, o indivíduo que vivia na cidade e ali participava ativamente dos negócios e das decisões políticas. Então, cidadania pressupunha, portanto, todas as implicações decorrentes de uma vida em sociedade. Porém, ao longo da história, o conceito de cidadania foi ampliado, passando a englobar um conjunto de valores sociais que determinam o conjunto de deveres e direitos de um cidadão. Contudo, é pertinente lembrar um conceito mais jurídico e completo do tema:

> É importante lembrar que cidadania se refere aos direitos e às obrigações nas relações entre o Estado e o cidadão. Falar em cidadania implica recorrer a aspectos ligados à justiça,

direitos, inclusão social, vida digna para as pessoas, respeito aos outros, coletividade e causa pública no âmbito de um Estado-nação. Ela pressupõe, conforme um dos autores clássicos dos primeiros estudos de cidadania, Tomas H. Marshall (1967), conquistas e usos dos direitos civis ("liberdade pessoal, liberdade de expressão, pensamento e crença, o direito de propriedade e de firmar contratos válidos e o direito à justiça"); políticos ("como o do voto e do acesso ao cargo público"); e sociais ("que vão desde o direito a um mínimo de segurança e bem-estar econômico, até o direito de participar plenamente da herança social e de viver a vida de um ser civilizado, de acordo com os padrões que prevalecem na sociedade (KUNSCH, 2007, p.59-77).

Neste sentido, o conceito de cidadania vem coroar o cerne vital da ideia da institucionalização de um Quarto Poder voltado para, justamente, tutelar a cidadania no âmbito da informação estatal. Entretanto, para que se possa trazer mais luz sobre o tema, necessário será entender um pouco mais do pensamento desta autora:

> Para que o Estado cumpra sua missão e promova de fato a construção da verdadeira cidadania, faz-se necessária uma mudança cultural de mentalidade, tanto do serviço público quanto da sociedade, para resgatar a legitimidade do poder público e sua responsabilização (accountability), por meio de um controle social permanente. E a comunicação exerce um papel preponderante em todo esse contexto. (KUNSCH, 2007, p.59-77).

Entretanto, sem a compreensão do conceito de comunicação pública, pelo viés da organização estatal, fica incompleta a visão do que pode vir a ser uma teoria política do Quarto Poder, ou seja, do poder voltado para informar os cidadãos acerca de seus direitos e deveres no âmbito de uma democracia republicana.

Deste modo, no Brasil, o conceito de comunicação pública ainda é recente e a bibliografia sobre o tema, escassa. Alguns autores nacionais têm se destacado, desde meados da década de 1990, em estudos sobre o tema: Elizabeth Pazito Brandão (2009), Heloiza Matos (2009), Jorge Duarte (2009), Maria José da Costa Oliveira (2004); Eugênio Bucci (2008); Luiz Martins da Silva (2010) e Mariângela Furlan Haswani (2010). A principal referência nos estudos brasileiros de comunicação pública é o resumo de La communication publique (1995), do francês Pierre Zémor. Recentemente, outros autores internacionais têm se destacado nos estudos, como o colombiano Juan Camilo Jaramillo López (2004) e o italiano Paolo Mancini (2002).

Porém, a título de delimitação do tema, escolheu-se aquele último como o autor referência para conceituar a comunicação pública no contexto desta teoria. Assim, La communication publique

(2005) é o título mais conhecido de Pierre Zémor e referência nos estudos brasileiros sobre comunicação pública. A análise do autor parte da ideia de que a comunicação está presente em toda a parte. Para ele, a comunicação pública é definida pela legitimidade do interesse geral e estende-se para além do domínio público segundo o estrito senso jurídico. Ela acompanha a aplicação de uma regra, o desenvolvimento de um procedimento e a elaboração de uma decisão. As mensagens são, por princípio moral, emitidas, recebidas e tratadas por instituições públicas "em nome do povo". Para Zémor (2005, p.5), as finalidades da comunicação pública não podem ser dissociadas daquelas inerentes às instituições públicas, cujas funções são: a) informar; b) escutar; c) contribuir para assegurar a relação social e; d) acompanhar as mudanças de comportamento e das organizações sociais.

Deste modo, o interesse geral, segundo o autor, é o resultado de compromissos entre indivíduos e grupos da sociedade unidos por um "contrato social", num quadro em que se inscrevem leis, regulamentos, jurisprudências e hábitos:

> As negociações e compromissos em dado momento transmutam-se no Direito. Este, por sua vez, não está ambientado em horizontes fechados. Cabe aos poderes públicos a tarefa de evoluir em termos de regulação, direito e reformas, assim como manter o nível de informação (ZÉMOR, 2005, p.6-9).

Nota-se que, para Zémor, o Estado é o ator central da comunicação pública. Para ele, é um erro usar a "metáfora da empresa privada" no serviço público, tratando o cidadão como um cliente. O suposto "cliente-cidadão", segundo ele, é no mínimo comparável a um acionista que contribui para a manutenção daquela estrutura. E, além disso, acumula a função de eleitor, com poder de decidir quem será o seu futuro "fornecedor". O desafio da comunicação pública, portanto, é acionar o receptor, ou seja, o lado do "cidadão-receptor". O autor coloca, ainda, a comunicação cívica como forma de comunicação pública na berlinda, devido à tentação de personalização ou de apropriação das causas de utilidade pública que ela oferece. Segundo o autor:

> A ética da comunicação pública, que se junta no seu prazo à sua eficácia, baseia-se no respeito de cada emissor do grau de consenso social junto à mensagem. Um conteúdo cívico, no contrato republicano tácito passado com o cidadão, deve ser diferenciado das ideias políticas no debate, como promoção ou da propaganda para interesses concorrentes, específicos ou partidários. (ZÉMOR,1995, p.54).

Para Zémor (1995), a comunicação política é, sem dúvida, pública. Mas ele se pergunta: toda comunicação pública é política? Segundo ele, a vida pública é marcada por escolhas políticas. A prática do Estado de Direito requer uma separação entre a comunicação relacionada à conquista do poder e a comunicação relativa ao exercício do poder. A seguir, apresenta-se uma síntese do pensamento de Zémor na carta deontológica da comunicação pública:

> *- A comunicação pública tem por finalidade a troca e a partilha de informações de utilidade pública, assim como a manutenção do liame social, em papéis de regulação, de proteção e de antecipação que incumbem aos poderes e aos serviços públicos;*
>
> *- A comunicação pública inclui toda comunicação efetuada por agentes que trabalham em instituições públicas, empresas ou estabelecimentos com missão de interesse público, ou ainda por qualquer outra pessoa que cumpra especificações emitidas por uma instituição pública;*
>
> *- Todas as pessoas que exerçam uma atividade de comunicação em*

um quadro de organização pública são submetidas a obrigações específicas: seus deveres não se identificam àqueles de uma pessoa que exerce uma função de comunicação em uma organização privada:

a) a comunicação pública deve favorecer o acesso à informação, promover a transparência e melhorar o relacionamento de serviços;

b) ela deve também acompanhar os atos e decisões públicas em seu desenvolvimento, anúncio e execução prática.

Princípios de ação:

1) A comunicação pública deve estar a serviço do interesse geral como é definido legalmente: - ela deve ser a serviço da instituição ou empresa em nome da qual se comunica na medida em que essa comunicação não ignora o interesse geral ligado à missão da instituição; - ela deve se resguardar de ser a serviço de interesses particulares que sejam contraditórios ao interesse geral; - as mensagens de interesse geral não devem, em sua expressão, ser desviadas para fins particulares.

2) Comunicadores públicos são responsáveis ao mesmo tempo diante da autoridade pública, da organização à qual se comunicam e diante dos cidadãos ou qualquer pessoa interessada pela comunicação pública.

A comunicação pública deve prestar contas a cada um do Estado das informações e motivações das decisões que a ele se referem; A comunicação pública deve assegurar: - a difusão ampla de decisões públicas a fim de não privilegiar destinatários particulares, na medida em que eles contribuirão para a melhor informação do público; - o acesso às informações que as instituições são obrigada a pôr em público; - a igualdade de tratamento aos jornalistas, levando em conta os tipos de medias e seus públicos; - não enganar seus destinatários por omissão.

A comunicação pública deve intervir o mais depressa possível e nos momentos mais adequados para a maioria das pessoas interessadas na elaboração e na tomada de decisões das quais ela deve fazer parte. A comunicação pública deve favorecer os trâmites e os procedimentos que permitam a cada um dos destinatários interessados de se exprimir todo momento em um processo de decisão.

Regras de comportamento

1) Ser, particularmente na conduta das operações de comunicação, atento aos dispositivos legais que preservam a igualdade dos cidadãos e que asseguram o bom uso do dinheiro público: - evitar a mistura de gêneros entre a comunicação institucional (meios, recursos, procedimentos públicos) e a comunicação política (partidária); - considerar a comunicação como parte integrante do serviço ofertado ao público, ou seja, incluída no funcionamento da instituição pública; - garantir critérios objetivos de atribuição de recursos aos prestadores, notadamente em razão de seu saber-fazer.

3) privilegiar a informação e a explicação e não ceder somente aos artifícios da sedução. Procurar a coerência entre a comunicação institucional externa e a comunicação interna, em especial entre a imagem dada e a identidade vivida.
(ZÉMOR,1995, p.56)

Uma vez compreendido os conceitos históricos que fundamentam a teoria do Poder Informativo, agora, destarte, adentrar-se-á na estrutura propriamente dita desta tese, quais sejam, os assuntos pretendidos nos objetivos específicos, mas sendo abordados pelo viés dos referenciais teóricos.

Desta maneira, para responder a primeira pergunta dos objetivos específicos que indagou: "Por que hoje em dia ainda não existe uma mídia exclusivamente voltada para a construção da cidadania?", necessário será explicar como funciona a relação mídia, Estado e sociedade civil em um contexto capitalista.

A comunicação pública feita pelo setor privado, que está sob a égide do sistema capitalista, não se vê completamente obrigada a tutelar a cidadania no que tange a visão constitucional em que pese os direitos sociais, mas a defender, à maioria das vezes, os interesses dos grupos econômicos proprietários desses veículos de informações. Por isso, a informação vinda do setor privado não tem a total independência para conscientizar a sociedade acerca dos fatos pertinentes à relação institucional entre os cidadãos, entes públicos e sociedade civil, ou seja, aquilo que é de interesse público.

Esse papel da comunicação pública, diante da origem da informação, tem que nascer no âmbito estatal, mas, para que isso ocorra de maneira imparcial, há que se institucionalizar um Poder autônomo e independente – seja do setor econômico ou de outros Poderes instituídos – para que se tenha com isso a isenção necessária a fim de minorar as vulnerabilidades democráticas dos entes públicos, que, na prática e em todos os níveis das esferas de poder, têm a tendência de violar os direitos republicanos de uma nação e, muitas das vezes, a não cumprir os acordos constitucionais feitos para com o contribuinte-cidadão. (Contrato Social).

Trazendo mais esclarecimentos para este debate, Faccioli (2000) entende que a comunicação pública é aquela destinada ao cidadão em sua veste de coletividade e conota-se, em primeira instância, como "comunicação de serviço" que o Estado ativa, visando garantir a realização do direito à informação, à transparência, ao acesso e à participação na definição das políticas públicas e, assim, com a finalidade de realizar uma ampliação dos espaços de democracia.

Na mesma linha, tem-se a visão de outro teórico da comunicação pública, assim Rolando (1992) sublinha que a profissão de comunicólogo da área pública traz consigo à acepção anglo-saxônica do civil servant em um processo em que modernização do Estado e acolhimento dos direitos dos cidadãos são duas funções integradas e realizadas com autoridade por parte de quem promove e organiza as prestações, com sinergia efetiva dos recursos profissionais disponíveis, com um projeto estratégico de neutralidade e de maturidade dos funcionários, detentores de uma nova perspectiva de trabalho, adequadas aos interesses coletivos:

> Seu campo privilegiado é, portanto, a comunicação pública de utilidade que se realiza no âmbito das relações entre as instituições do Estado e os cidadãos. Dada a peculiaridade desse tipo de comunicação como civil servant, é prioritário que ela preveja modalidades, instrumentos e atores que realizem tais relações. É necessária a ativação de um sistema de comunicação que envolva estrutura e atores públicos, tanto na sua gestão, quanto na sua relação e no confronto com outros sujeitos que ocupam a área pública. Os protagonistas principais de tal sistema são, portanto, os operadores públicos, aqueles que, em diversos níveis e com diversas responsabilidades, concorrem à atividade das instituições e das administrações e se confrontam cotidianamente com as exigências dos cidadãos. (Rolando, 1992, p.127).

De tal modo, uma informação que vem do Poder Legislativo, não tem a total imparcialidade, porque vai defender os interesses dos legisladores. Uma informação que vem do Poder Executivo vai acabar defendendo o olhar dos gestores. Uma informação que vem do Poder Judiciário vai representar o foco dos operadores jurídicos e, isso, é natural e importante também. Já uma informação que vem do setor privado pode estar eivada da parcialidade do interesse econômico, que poderá estar subjugado por vínculos partidários e políticos. Mas hoje nenhum ordenamento do Estado Democrático de Direito instituiu um órgão público ou um Poder que pudesse ser uma fonte de informações totalmente independente, imparcial e isenta.

Contudo, uma informação que é originária de um Poder Informativo, que está completamente desvinculado de outras formas de poderes, a não ser sob a égide da Constituição Federal de cada país e de um Estatuto Institucional, terá a total imparcialidade para revelar aqueles fatos – que dizem respeito à vida civil e a do Estado, em relação à sociedade – pelo viés oficial da comunicação pública.

Diante dessa visão institucional, a importância do Poder Informativo está na sua natureza científica. Quando o Estado foi idealizado, ele foi pensado com um organismo vivo que se nutria das leis que advinham da sociedade. Por sua vez, os legisladores introduziam o anseio social dentro do Estado, instituindo assim, a vontade dos cidadãos. E, deste modo, remetendo para o Executivo essas deliberações sociais. Destarte então, o Estado pode ganhar mais um organismo para tutelar e informar sobre os direitos e deveres individuais e coletivos dos cidadãos. E, além disso, ganhar uma estrutura respiratória, onde seus órgãos terão mais oxigenação democrática. A publicidade dos atos públicos não ficará somente em um princípio da administração pública. Mas será de fato institucionalizada através do Poder Informativo.

O diário oficial de cada ente federativo (na maioria dos países democráticos) já faz esse trabalho burocrático, mas não dá vida para essas informações, transformando-as em reportagens, notícias e matérias, que por sua vez, têm a exclusiva missão de informar o cidadão acerca dos fatos que advêm da relação dos Poderes entre si, a relação Estado-sociedade e, mormente, a omissão daqueles órgãos públicos frente aos cidadãos.

Para entender a atuação do Poder Informativo, o Estado deve ser pensado como uma Instituição democrática que funciona com um órgão vivo atuando na sociedade. Partindo desse ponto, quando o poder público está em uma cidade, ele atua, nas palavras de Jean Jacques Rousseau, "firmando um contrato com a comunidade local". Desta forma, as demandas sociais são atendidas pelo Estado porque os cidadãos pagaram impostos e esperam, em contrapartida, uma prestação de serviço daquele. Seja no setor Jurídico, Executivo ou Legislativo. Contudo, qual o órgão do Estado que vai atuar como a função dos olhos, dos ouvidos e da boca deste organismo?

Essas demandas sociais necessitam ser lidas e observadas através de profissionais capacitados para informar a própria sociedade e outros órgãos do Estado. Isso ocorre como no sistema fisiológico do corpo humano que tem seu sistema imunológico que identifica as situações atípicas e avisa o cérebro o que está ocorrendo. Com isso, o Poder Informativo vai captar, quando estiver atuando no setor público, as demandas da comunidade. Um exemplo: informar aonde os órgãos do Estado deveriam estar presentes realizando suas funções constitucionais.

O Ministério Público – que tem o papel de fiscalizar a lei – faz isso, a imprensa privada também faz esse trabalho social. Porém, nenhum deles tem o papel principal de colher esses fatos de maneira imparcial e remetê-los para sociedade em formato de informação oficial e precisa. Aqueles órgãos e empresas citadas não têm um foco de uma "corporação" institucional habilitada para realizar o trabalho específico de trazer à tona esses fatos. Na verdade, o Poder Informativo será um órgão que vai "auxiliar", de forma independente, o Ministério Público e demais órgãos, a partir do momento que realizar a função de informar aqueles fatos para as instituições tomarem conhecimento e ativarem suas obrigações legais. Destarte, este Poder será como as veias arteriais que levam a oxigenação democrática para o tecido social. Além de nutrir os órgãos com o alimento das demandas sociais para que eles possam ter foco de atuação também.

Para tanto, a supremacia da soberania popular de onde se origina o poder político que, por sua vez, desdobra-se em outros Poderes pode – através e pautados pelos princípios constitucionais – exigir que este novo poder faça parte das funções do

Estado republicano. Aqueles princípios vão nortear toda estrutura ideológica e funcional deste novo poder. Ademais, nunca entrando em controvérsia com esses princípios constitucionais. Não obstante, o Poder Informativo vai seguir o que as Constituições democráticas apregoam, tem como objeto principal e foco de atuação: **a tutela da cidadania no âmbito da informação estatal**.

O Poder Informativo terá como parâmetro de atuação, então, os limites constitucionais delimitados para seu objeto de ação. Ou seja, nas esferas jurisdicionais dos entes federativos, dentro de uma República Democrática. O Poder em questão tem como competência apurar os fatos correlacionados à vida civil política do cidadão, esta relacionada com o Estado e à sociedade civil organizada. Isso, a nível de Federação, ou seja, União, Estados e Municípios.

3. INFORMAÇÃO PÚBLICA IMPARCIAL SOBRE CIDADANIA

Não obstante, para responder o segundo questionamento dos objetivos específicos – qual seja, "como o conflito de informações gerados por diversas fontes (sejam institucionais ou privados, quando eivadas de interesses econômicos, ideológicos, políticos e partidários ou de uma fonte institucional apenas) pode afetar o desenvolvimento democrático de um país?" – ter-se-á que, primeiramente, visitar os institutos históricos deste tema para se ter uma posição atual do que pode afetar a vida democrática de uma nação. Com efeito então o professor Luiz Carlos Pereira (2009) pode trazer uma elucidação para o assunto:

> O Estado sofreu uma longa transição histórico-política, dos regimes autoritários para a democracia. Nesse processo, em primeiro lugar os direitos dos cidadãos foram

> assegurados em quatro fases principais. No século XVIII, a revolução liberal definiu os direitos civis; no início do século XX, uma revolução democrática afirmou os direitos políticos; na primeira parte do século XX, uma revolução social incluiu os direitos sociais entre os direitos de cidadania e no último quarto de século, uma revolução republicana começou a definir e a fazer valer os direitos republicanos. Nesse processo, o Estado começou como autoritário, depois se tornou liberal e, finalmente, democrático. (Bresser-Pereira, 2009, p31.).

Então, sem a institucionalização do Poder Informativo a democracia ainda continuará vulnerável e passiva de ser atacada pelos governos autoritários, já que a comunicação pública não estará sendo realizada por esferas de poderes isentas, do ponto de vista da informação imparcial, pois cada poder constituído ou a mídia do setor privado defenderá, a seu modo, o seu interesse na hora de informar os cidadãos. Muitas das vezes, nas entrelinhas, é possível perceber que a mídia não está representando o anseio social, mas atendendo à uma demanda da audiência, ou seja, a imprensa do setor privado segue a linha da livre concorrência e é fruto de uma relação de mercado. Estes veículos funcionam em função de se manterem ativos no mercado, já que estão sob a regras do capital. Por isso, a necessidade de erigir um sistema de informação institucionalizado, este criado em função de informar a sociedade sobre seus interesses públicos.

Para que as democracias sejam mais participativas e republicanas é imprescindível a presença do Poder Informativo; a fim de aproximar ainda mais os cidadãos, "agora cientes" dos seus direitos e deveres, do Estado.

Assim, o papel do Quarto Poder está correlacionado com a construção da cidadania a parti da informação no âmbito do Estado Democrático de

Direito. Destarte então, para que a sociedade civil exerça o controle social das instituições é preciso que a mesma tenha uma fonte de informação independente, imparcial e, como já frisado, isenta de interesses políticos, econômicos e ideológicos, mas com características científicas, com o intuito de se garantir o funcionamento dos entes públicos pela ótica constitucional.

Então, reforçando essa posição, a sociedade civil ganha corpo e organização para exercer o controle social sobre as instituições quando existe uma esfera pública, aonde a democracia, de fato, seja plena, ou seja, aonde os cidadãos possam reivindicar seus direitos, permitindo-se que a comunicação pública traga à tona do debate informações sobre os passos dos entes públicos, aproximando assim, àqueles destes.

Contudo, no setor privado, a imprensa pode sofrer influência de todos os lados – seja pelo setor político, econômico, ideológico ou da própria audiência que pauta a maioria das redações – deste modo, não é um sistema de informação inexaurível e confiável, pois a cada governo, a cada crise econômica ou desajustes empresarias esses jornais ou veículos poderão interromper suas atividades, deixando a sociedade civil a mercê do abandono político-social, desamparada de informações oficiais.

Portanto, essa interrupção pode afetar o desenvolvimento democrático de qualquer país, porém, uma vez institucionalizado o Quarto Poder, agora eternizado estará um sistema público de informação, inserido no seio do Estado Democrático de Direito; para garantir o direito do cidadão de sempre ser informado sobre todos os fatos que dizem respeito aos interesses da sociedade civil organizada.

Vale registrar, a propósito, o que, já no início dos anos 1980, escrevia Cândido Teobaldo de

Souza Andrade (1982, p.81-92). Ao discorrer sobre os fundamentos de relações públicas governamentais, o autor enumerava vários itens, dentre os quais sobressaem alguns que são bem pertinentes ao que está sendo abordado nesta tese. Para o autor:

> O direito do cidadão à informação e o dever de informar dos governantes estão sustentados pela Declaração Universal dos Direitos do Homem, sendo esse o primeiro direito de uma sociedade democrática; a administração pública não pode funcionar sem a compreensão de suas atividades e de seus processos; a separação entre governantes e governados é consequência principalmente da falta de informação; cabe ao governo manter abertas as fontes de informação e os canais de comunicação; o Estado democrático deve proteger e facilitar a formação da opinião pública contra influências perniciosas e de grupos de pressão com interesses ilegítimos, ou seja, defender o interesse público; além disso, ele tem que ser sincero e transparente, informando sobre tudo o que fez, inclusive seus erros e as medidas

tomadas para corrigi-los. (Andrade, 1982, p.81-92).

Neste sentido, exemplificando esses conceitos, a publicidade e a transparência dos atos administrativos dos entes públicos são uma obrigação legal, porém, quando isso não ocorre, abre-se espaço para uma malversação do dinheiro público, corrupção, enfim, depreciação da coisa púbica e desvios de recursos públicos, culminando em enriquecimento ilícito. Tudo isso porque alguém não informou ou investigou o que estava acontecendo nos bastidores daquele órgão público. Certamente que, muitas das vezes, alguns veículos de informação fazem esse trabalho – de trazer a público esses fatos.

Mas o dever de informar desta mídia pode ser tolhido por diversas maneiras antidemocráticas, já que inevitavelmente este veículo pode estar sendo influenciado por forças econômicas, políticas ou ideológicas. Então, essa informação apurada com toda idoneidade e esmero pelo jornalista sequer será publicada, pois este veículo, como dito antes, não tem autonomia, independência ou isenção e segurança jurídica para não ser de nenhuma forma bloqueado no ofício de informar aqueles fatos.

Por esse motivo, que o Poder Informativo vem para resguardar a democracia no âmbito da informação estatal de qualquer força autoritária ou despótica que queira subjugar os direitos dos cidadãos ou proibir o exercício da cidadania, mesmo quando essas informações repassadas pelas mídias são omissas com relação aqueles assuntos de ilícitos administrativos.

Para exemplificar este tema, quando um político mal-intencionado cria um grupo de comunicação com a intenção espúria de controlar a opinião pública, diante da institucionalização do Poder Informativo este agente político não prosperará; já que sua influência será ineficaz, pois os servidores públicos deste Poder gozarão de todos os direitos garantidos pelo estatuto respectivo da categoria, bem como pelos os que estiverem prescritos pela Constituição Democrática deste país que adotar o Poder Informativo. Nas palavras da professora Kunsch isso fica nítido:

> A informação jornalística deve ser fundamentada e guiada pelos seguintes valores: "ouvir" a sociedade – ser sensível às demandas sociais e políticas; verdade – ser transparente, pois os receptores precisam ser respeitados e os fatos publicados/divulgados podem ser objeto de verificação, análise e comentários; rapidez – atender às demandas sociais com a maior presteza possível; sinceridade – elucidar fatos que merecem esclarecimento dos diversos segmentos (cidadão, entidades, sociedade civil, opinião pública, imprensa etc.); cordialidade – uma marca que deve guiar as relações entre fontes governamentais e a mídia; e credibilidade – a confiança na fonte é algo imprescindível. (Kunsch, 2007, p.59-77).

Portanto, para que a sistematização de informações públicas voltadas exclusivamente para o cidadão ocorra de forma democrática, uma informação para alcançar a totalidade dos fatos deve ter sua origem desmembrada de qualquer interesse econômico ou político. Deste modo, quando um poder tem autonomia financeira, administrativa e segurança jurídica; deveras poderá realizar um jornalismo imparcial (comunicação pública) que deve ouvir todas as fontes de todos os lados acerca da informação construída.

Quando se diz informação oficial, quer-se referir àquelas que dizem respeito à vida civil e ao Estado, em relação à própria sociedade civil organizada. O fato de se produzir uma notícia para o interesse público vai de certo modo motivar e ativar o desempenho de outros poderes constituídos. Para tanto, quando se têm grupos econômicos, que tentam privatizar as decisões dos estados e subjugar a imprensa através das propinas ou, até mesmo ao contrário, quando a imprensa entra em um conchavo com as instâncias e esferas dos órgãos públicos, ocorre o atrofiamento da democracia e quem sai prejudicado é o cidadão contribuinte.

Informar significa responsabilizar todos os setores da sociedade que estão correlacionados com aqueles fatos. A título de exemplo: quando um homicídio ocorre em um município, pode ser que parte da imprensa local não se interesse por aquele fato, logo, a Polícia Militar e a Polícia Civil também, consequentemente, não se sentem responsabilizados em querer trazer a resposta à sociedade acerca do que realmente aconteceu e quem são os culpados. Assim, se esses fatos foram esquecidos ou mal apurados, o poder Judiciário nem motivado será, porque não haverá sequer um inquérito ou uma denúncia por parte do Ministério Público.

Entretanto, quando se tem um Poder Informativo representado por uma equipe de jornalistas (comunicadores do estado) com prerrogativa de informação, carreira pública assegurada pelo concurso público, com autonomia e inamovibilidade atuando no local do fato, ter-se-á a segurança jurídica para se apurar aqueles fatos com liberdade de informação e com parâmetros constitucionais de atuação.

A natureza do Poder Informativo advém da independência diante de os outros poderes erigidos pelas Cartas Magnas adotadas pelos países democráticos. De tal modo que o Poder Informativo não está acima e nem abaixo de outros poderes, mas atuando em harmonia e com independência constitucional.

Este órgão da informação não vai quebrar o sistema de separação de poderes que, na maioria dos países que adotam constituições democráticas, é uma cláusula pétrea, mas completá-lo, à medida da sua vigência legal. Desta forma, caso esta tese fosse submetida ao crivo do controle de constitucionalidade e convencionalidade do ordenamento jurídico, especificamente brasileiro, não há que se arguir a inconstitucionalidade formal e material dela. A título exemplificativo, o artigo 60, parágrafo 4º da Constituição Federal do Brasil diz claramente:

> ...que não será objeto de deliberação a proposta de emenda tendente a abolir: a forma federativa de Estado; o voto direto, secreto, universal e periódico; a separação dos Poderes; os direitos e garantias individuais. (BRASIL, 1988).

Não obstante, o Poder Informativo não vem para abolir outros poderes ou muito menos desempenhar capacidades de outros órgãos que não sejam aqueles subordinados a sua esfera de atuação. Ao ser instituído, a separação dos poderes continuará na sua forma constitucional intacta e somente abarcará mais um poder que, por sua vez, também se encontrará equidistante aos outros Poderes de forma independente e harmônica.

A imprensa do Executivo não será abolida e nem impedida de produzir sua informação e nem de outros poderes. Porém, quando se tem os três poderes institucionais envolvidos em um fato, quem é que vai informar de um ângulo imparcial e sem estar vinculado a esses poderes? A imprensa do setor privado pode fazer isso e bem feito, mas e se ela estiver vinculada a esses poderes? Ou, pior ainda, eivada de interesses ideológicos partidários ou econômicos com intuito de manipular as massas sem, ao menos, seguir um padrão ético da comunicação? Neste caso, não se tem uma informação desvinculada de interesses. Porém, quando esses fatos forem informados pelo Poder Informativo (revelando a versão de todas as fontes), ter-se-á um foco filosófico mais ampliado e uma informação muito mais apurada, consequentemente, mais próxima da verdade e a serviço da construção da cidadania.

4. MAIS UM PILAR DE SUSTENTAÇÃ PARA DEMOCRACIA

Por fim, finalizando esta parte teórica, para responder a última questão dos objetivos específicos, qual seja – a constituição do Poder Informativo para o aperfeiçoamento da democracia dentro do Estado Democrático de Direito – buscar-se-á a fundamentação teórica dos autores que já iniciaram a discussão sobre a necessidade de se estabelecer, através da comunicação pública, o fortalecimento da sociedade civil; no que tange a sua participação social diante do estado liberal, social e republicano.

Desta maneira, para tratar do tema aqui proposto, é importante buscar a referência de autores que analisam e discutem questões sobre espaço público, esfera pública, democracia, participação e deliberação, bem como a influência dos meios de comunicação nesse processo, afinal, ao focalizar a comunicação pública, tais questões se revelam como base para a abordagem a se realizar.

Nessa perspectiva, Habermas analisa que a esfera pública se localiza entre o Estado e a sociedade, o que nos permite entender o inevitável impacto que a comunicação organizacional provoca na comunicação pública e vice-versa. Ao enfatizar a função dos meios de comunicação, Habermas alerta para a importância de estes agirem com independência, não sendo influenciados por poderes econômicos e políticos, o que asseguraria a pluralidade necessária a um regime democrático.

Ademais, Habermas procura construir um modelo de interpretação social que resgata a centralidade da ação humana e o potencial que as estruturas comunicativas possuem para a superação das contradições da sociedade capitalista, sugerindo quatro formas de ação social que sintetizam as diferentes possibilidades de intervenção social dos indivíduos: ação teológica, ação regulada por normas, ação dramatúrgica e ação comunicativa.

O destaque à ação comunicativa apresentada na teoria social habermasiana, volta-se aos problemas do diálogo e do consenso, que coloca a linguagem elevada à condição de único instrumento pelo qual é possível edificar consensos envolvendo a totalidade dos atores sociais.

Há, portanto, em Habermas, a tentativa de legitimar a construção de uma visão de mundo através da interação com outros indivíduos e a sociedade em geral. Caracterizando a deliberação pública como o âmago do processo democrático, Habermas sugere então uma divisão entre princípios liberais de democracia e princípios republicanos.

O modelo liberal tem a proposta centrada na capacidade do Estado de mediar conflitos e administrar a sociedade do ponto de vista das necessidades do mercado econômico. Já o republicano refere-se ao projeto de construir um sistema político global centrado na capacidade de articulação da sociedade civil.

Tais diferenças provocam a necessidade de formulação de um modelo alternativo, segundo Habermas, que incorpore elementos da teoria liberal e republicana, construindo-se novas formas de consenso fundamentadas numa teoria democrática discursiva.

Assim, do modelo liberal seriam incorporadas as características de estima à soberania do Estado e normatização constitucional das relações políticas e civis. Do modelo republicano extraem-se a valorização da formação da opinião e da vontade pública e a ênfase à capacidade de autodeterminação dos cidadãos.

O modelo habermasiano de deliberação política procura encurtar distâncias entre o Estado e a sociedade civil e aproximar os políticos profissionais e a atividade política em geral dos cidadãos. Entretanto, esse modelo apresenta um impasse relacionado à ausência de uma transição entre os procedimentos democrático-comunicativos e os de efetiva gestão do Estado, o que pode ser solucionado com projetos de cogestão do Estado, envolvendo políticos profissionais e cidadãos.

Ou seja, todos os esforços para centralizar a comunicação pública em uma esfera de poder independente com a responsabilidade de tutelar a cidadania no âmbito da comunicação estatal. Com efeito, então, Habermas (1997, p.30) sintetiza, na citação a seguir, a importância da participação, das articulações, das discussões em nome do interesse público, que indicam o papel que a comunicação exercerá neste processo:

> O fato de o cidadão ser também responsável pela cogestão do Estado tem implicações que ultrapassam a esfera das relações políticas na medida em que fortalecem o tecido de articulações entre os próprios cidadãos e colocam na pauta de discussões questões que, mesmo sendo originárias da esfera privada, interferem no modo de vida da coletividade. (HABERMAS, 1997, p.30)

Portanto, concluído a parte teórica desta tese, o Poder Informativo surge então necessariamente em uma fase na qual a democracia torna-se republicana justamente para fortalecer a participação social da sociedade civil; com o intuito de responsabilizar cada vez mais os servidores públicos, os agentes políticos; no que diz respeito às suas atribuições constitucionais para com os cidadãos, no que diz respeito à utilização do patrimônio público para fins público.

Contudo, quando setores da economia ou grupos alheios à legalidade tentam subjugar a democracia, dominando os aparatos do Estado, com o intuído de defender seus interesses particulares, bem como quando a distância entre representantes e representados aumenta, surge então, para refrear àquela ação antidemocrática, uma sociedade civil organizada que, junto à esfera Local , Regional e Federal, encontrará no Poder Informativo um canal aberto, dialético e democrático para as suas reivindicações; em face daquelas tentativas de distorcer o objetivo principal do Estado Democrático de Direito, qual seja: a garantia e efetividade dos direitos constitucionais.

Do mesmo modo, autores como Gaudêncio Torcato já profetizava uma nova esfera de poder que pudesse trazer um rearranjo na relação comunicacional entre os entes públicos e a sociedade civil:

> As estruturas de comunicação na administração pública federal hão de se reorganizar em função da evolução dos conceitos e das novas demandas sociais. Os profissionais precisam ser especialistas nas respectivas áreas e setores, devendo, mesmo assim, ter noção completa de todas as atividades e programas. Os modelos burocráticos de gestão estão ultrapassados. O dinamismo, a mobilidade, a agilidade, a disposição são valores que deverão balizar as estruturas. (TORQUATO, 2002, p.121).

Deste modo, revisando a evolução dos elementos que, com o incrementos dos debates, chegou-se a um conceito de separação dos poderes, foi o filósofo grego Aristóteles, em sua obra "Política", quem primeiro vislumbrou o exercício de três funções estatais distintas: a função de editar normas gerais, a função de aplicar essas normas ao caso concreto e a função de resolver conflitos quanto sua aplicação. No entanto, Aristóteles, dada a época em que viveu, concentrou essas três funções na mão de um único órgão, o soberano, cujo poder de mando era incontestável.

Porém, muito tempo depois, Montesquieu, em sua obra "O Espírito das Leis", aprimorou a teoria aristotélica e inovou atribuindo cada uma das três funções a órgãos estatais distintos, autônomos e independentes entre si, que deviam exercer funções típicas inerentes à sua natureza.

Destarte, a teoria de Montesquieu ia frontalmente contra ao absolutismo da época, já que as funções estatais não deviam mais se concentrar nas mãos de um só soberano. Por esse motivo, a sua teoria foi a base estrutural de vários movimentos revolucionário, como a Revolução Americana e Francesa.

Assim sendo, então, a divisão funcional do poder, ou "separação dos poderes", foi, na verdade, o resultado empírico da evolução da Constituição

Inglesa, a partir da famigerada Bill of Rights de 1689. Deste modo, a Revolução Gloriosa reservou algumas funções ao monarca e outras ao parlamento, garantindo a independência dos juízes.

Já na era contemporânea, o conceito de tripartição de poderes traz a noção do combate à concentração de poder e assim tenta preservar a liberdade individual. A distribuição do poder entre órgãos estatais independentes, portanto, busca garantir o equilíbrio político e minimizar o risco de abuso de poder.

Além disso, a separação de poderes visa também obter consenso entre autoridades na tomada de decisões, além de estabelecer mecanismos de fiscalização e responsabilização recíproca entre os poderes, na sistemática conhecida como freios e contrapesos (do inglês, checks and balances).

Contudo, como já bem explicado, apenas três Poderes instituídos não serão suficientes para manter o equilíbrio das esperas que compõem a base da democracia, ou seja, seus pilares fundamentais. Essa holística estrutural, ainda incompleta do ponto de vista institucional, somente se encaixará perfeitamente quando as forças emanadas da soberania popular serem distribuídas (dentro de um sistema representativo republicano) não tão somente aos três Poderes – quais sejam Legislativo, Executivo e Judiciário – mas, enfim, completando o sentido de visão democrática, também para o Poder Informativo. Este que será o porta voz da sociedade, bem como do Estado também. Desta maneira, essa lógica da quadripartição dos poderes, nada mais é, do que trazer estabilidade à relação institucional entre aqueles poderes e a sociedade civil organizada.

Portanto, diante da exposição teórica sobre a viabilidade da institucionalização da comunicação pública – onde um Poder Informativo constitucional tenha a independência e imparcialidade de trazer as informações para os cidadãos – fica o entendimento de que a Democracia terá mais um pilar para se auto sustentar; no que diz respeito à manutenção dos princípios que a constitui.

Isso, a partir do momento que a própria sociedade civil organizada esteja constantemente sendo fortalecida por esse Quarto Poder instituído, para assim, exercer o controle social sobre os outros Poderes (Accountability), bem como estimular aos cidadãos a reivindicarem os seus direitos constitucionais. Mas também, por outro lado, e, ao mesmo tempo, conscientizá-los a respeito de seus deveres para com o exercício da cidadania republicana.

Para tanto, nas palavras do professor Luiz Carlos Pereira, o Estado que está surgindo precisa ser liberal, democrático e socialmente forte:

> Um Estado liberal forte garante os direitos civis que protegem a vida, a propriedade e a liberdade, e assegura

> que cada cidadão seja tratado com respeito, independentemente de riqueza, sexo, raça ou cultura. Um Estado democrático forte garante os direitos políticos a todos os cidadãos, considerando cada um igual aos outros. Um Estado social forte garante os direitos sociais, combatendo o desemprego e a desigualdade econômica. Mas para ser forte com relação aos três direitos humanos clássicos, o Estado precisar ser capaz de garantir os direitos republicanos, e contar com cidadãos que participam ativamente dos assuntos políticos. Em outras palavras o Estado precisa ser republicano. (Bresser Pereira, 2009, p. 163).

Porém, para que essa sociedade de cidadãos se torne civilmente organizada, participando efetivamente da vida política dos países e exerça ativamente o controle social sobre as instituições de direito público, será imprescindível informações que advenham de um órgão economicamente e politicamente independente e imparcial: O Poder Informativo. Aquele que precipuamente tem como balizadores de seus atos administrativos a Constituição e os Tratados Internacionais de Direito Público. Estas serão normas orientadoras para que aquele Poder possa atingir os objetivos de fortalecer a consciência política e cidadã da sociedade civil organizada.

Isso, com o intuito maior de impedir que o Estado republicano deixe de percorrer naturalmente os trilhos da democracia representativa. Não obstante, com a institucionalização da Mídia da Cidadania, a sociedade não dependerá apenas das mídias do setor privado e de informações de outros poderes já constituídos, para se politizar e se inteirar sobre assuntos cívicos, mas de um órgão com a função específica de trazer todo conjunto de informações, tanto colhidas das instituições públicas como de todos os estratos da sociedade – e que fazem parte o arcabouço da visão constitucional dos direitos e deveres do próprio cidadão –, ou seja, informações que possam valorizar e estimular o exercício da cidadania republicana.

Destarte, então, uma vez instituído o Quarto Poder, para fortalecer a participação política da sociedade civil organizada, poder-se-á pensar em um conceito mais completo do que seja um Estado republicano. Como bem definiu o catedrático Bresser Pereira:

> O Estado republicano é suficientemente forte para se proteger do controle privado, defendendo o patrimônio público contra *rent-seeking;* é um Estado participativo, onde os cidadãos, organizados na sociedade civil, participam da definição de novas políticas e instituições e do exercício do controle social; é um Estado que depende de funcionários governamentais que, embora motivados por interesses próprios, estão também comprometidos com o interesse público; é um Estado com capacidade efetiva de reformar instituições e fazer cumprir a lei; é um Estado dotado da legitimidade necessária para tributar os cidadãos

> a fim de financiar ações coletivas decididas democraticamente; é um Estado eficaz e eficiente no desempenho dos papeis dele exigidos. Resumindo, o Estado republicano é um sistema de governo que conta com cidadãos engajados que participam do governo juntamente com os políticos e os servidores públicos. (Bresser Pereira, 2009, p. 163).

O Estado republicano moderno – o que corresponde a uma forma mais avançada de democracia representativa, sendo ela participativa e deliberativa – somente pode ocorrer quando a sociedade civil organizada começar a exercer, de fato, esse papel participativo. Para tanto, esse corpo de cidadãos terá que manter uma conexão constante com as instituições para receber informações precisas, imparciais e de conteúdo impulsionadoras do controle social; a fim de se instruir dos fatos políticos, econômicos e sociais. E, neste caso, quem terá a total liberdade, legitimidade, para realizar essa comunicação pública, sob a tutela da legalidade, será o Poder Informativo.

Portanto, diante da exposição teórica sobre a viabilidade da institucionalização da comunicação pública – onde um Poder Informativo constitucional tenha a independência e imparcialidade de trazer as informações para os cidadãos – fica o entendimento de que a Democracia terá mais um pilar para se auto sustentar; no que diz respeito à manutenção dos princípios que a constitui.

5. CONSIDERAÇÕES FINAIS

Diante de toda exposição feita nesta tese, a proposta principal – da construção de uma teoria institucional do Quarto Poder, ou seja, de um sistema de quadripartição dos poderes, quais sejam: Poder Executivo, Poder Legislativo, Poder Judiciário e o Poder Informativo; este último sendo o objeto primordial da tese – foi devidamente alcançada. No entanto, para construir a teoria do Poder Informativo (Quarto Poder), primeiramente, buscou-se na História os conceitos que edificaram a ideia de liberdade de expressão e de imprensa, de cidadania, da comunicação pública, enfim, dos pilares republicanos que instituíram a concepção de democracia para, desta forma, revelar, especificamente, com base nos referenciais teóricos, a necessidade da constituição desse Quarto Poder.

Não obstante, no primeiro objetivo específico foi compreendido o que ocorre na relação entre o cidadão-receptor e as mídias distribuidoras de informações. Assim, descobriu-se porque hoje em dia ainda não existe uma mídia exclusivamente voltada para a construção da cidadania. Deste modo, chegou-se ao esclarecimento que a comunicação pública feita pelo setor privado, que está sob a égide do sistema de mercado, não se vê completamente obrigada a tutelar a cidadania. Por isso, esse papel da comunicação pública, diante da origem da informação, tem que nascer no âmbito estatal, mas, para que isso ocorra de maneira imparcial, há que se institucionalizar um Poder autônomo e independente – seja do setor econômico, político ou de outros Poderes instituídos – para que se tenha com isso a isenção necessária a fim de minorar as vulnerabilidades democráticas dos entes públicos.

Já no segundo objetivo, avaliou-se o conflito de informações – gerados por diversas fontes, sejam institucionais ou privadas, quando eivadas de interesses econômicos, ideológicos, políticos e partidários ou de uma fonte institucional apenas – que pode afetar o desenvolvimento democrático de um país. Deste modo, também cristalizou-se o entendimento de que, sem a institucionalização do Poder Informativo, a democracia ainda continuará vulnerável e passiva de ser atacada pelos governos autoritários, já que a comunicação pública não estará sendo realizada por esferas de poderes isentas, do ponto de vista da informação imparcial, pois cada poder constituído ou a mídia do setor privado defenderá, a seu modo, o seu interesse na hora de informar os cidadãos.

Não obstante, por fim, finalizando a parte teórica, analisou-se a última questão dos objetivos específicos, qual seja: a constituição do Poder Informativo para o aperfeiçoamento da democracia dentro do Estado Democrático de Direito. Para isso, veio à tona a fundamentação teórica dos autores que já iniciaram a discussão sobre a necessidade de se estabelecer, através da comunicação pública, o fortalecimento da sociedade civil no que tange a sua participação social diante do estado liberal, social e republicano. Portanto, concluindo esta tese, o Poder Informativo surge então, necessariamente, em uma fase na qual a democracia torna-se republicana justamente para fortalecer a participação social da sociedade civil; com o intuito de responsabilizar cada vez mais os servidores públicos, os agentes políticos; no que diz respeito às suas atribuições constitucionais para com os cidadãos, no que diz respeito à utilização do patrimônio público para fins público.

Tudo isso, a partir do momento que a própria sociedade civil organizada esteja constantemente sendo fortalecida por esse Quarto Poder instituído, para assim, exercer o controle social sobre os outros Poderes (Accountability), bem como estimular aos cidadãos a reivindicarem os seus direitos constitucionais. Mas também, por outro lado, e, ao mesmo tempo, conscientizá-los a respeito de seus deveres para com o exercício da cidadania republicana.

Portanto, diante da exposição teórica sobre a viabilidade da institucionalização da comunicação pública – onde um Poder Informativo constitucional tenha a independência e imparcialidade de trazer as informações para os cidadãos – fica o entendimento de que a democracia terá mais um pilar arraigado dentro do Estado, e eternizado por este, para se auto sustentar; no que diz respeito à manutenção dos princípios que a constitui.

REFERÊNCIAS

ANDRADE, Cândido Teobaldo de Sousa. Administração de relações públicas no governo. São Paulo: Loyola, 1982.

BRASIL. Constituição (1988). Constituição da República Federativa do Brasil. Brasília, DF: Senado Federal: Centro Gráfico, 1988. 292 p.

Bresser-Pereira, Luiz Carlos (2009). Construindo o Estado Republicano. 1. ed.. Rio de Janeiro: Editora FGV, 2009, p 31.

CABRAL, Bruno Fontenele. "Freedom of speech". Considerações sobre a liberdade de expressão e de imprensa no direito norte-americano. Jus Navigandi, Teresina, ano 15, n. 2640, 23 set. 2010.

FACCIOLI, F. Communicazione pubblica e cultura del servizio. Roma: Carocci, 2000.

HABERMAS, Jurgen. Direito e democracia: entre facticidade e validade.Rio de Janeiro: Tempo Brasileiro, 1997, v.II.

KUNSCH, Margarida M. Krohling (org.). Comunicação pública, sociedade e cidadania. São Caetano do Sul, SP: Difusão, 2011

ROLANDO, S. Comunicazione pubblica: modernizzazione dello Stato e diritti del cittadino. Milão: Ore, 1992.

RITTO, Carlos Ayres. Distinção entre "controle social do poder" e "participação popular". In: Revista de Direito Administrativo, v.189.Rio de Janeiro,1992.

TORQUATO, Gaudêncio. Comunicação na administração pública federal: a imagem dos poderes executivo, legislativo e judiciário. In:

ZÉMOR, Pierre (1995). La comunication publique. 3.ed. Paris: PUF, 2005.   . La communication publique en pratiques. Paris: La Documentation Française, 2008. Direção de Myriam Lemaire e Pierre Zémo